Herstellung und Verlag:
Books on Demand GmbH, Norderstedt

ISBN 3-8334-1756-0

Kötterismen
Band 1
(unsortiert)

Mahlzeit

Eine wicht'ge Tageszeit
ist um Mittag. Weit und breit
wird gebrutzelt und garniert,
was den Mittagstisch dann ziert.

Ach, was gibt es schöneres auf Erden
jeden Mittag satt zu werden,
um nach Nudeln oder Hummer
einzuschlafen ohne Kummer.

Schleudertrauma
(Die Salatschleuder)

Eines Abends in der Küche
hört man laute, schlimme Flüche.
Rundherum klebt der Salat
an den Wänden, Blatt für Blatt,
weil das Handtuch nicht gehalten.
So, jetzt wirf doch mal die alten
Arbeitsweisen aus dem Haus:
Nimm dies Gerät: So schleuder aus!

Urlaub

Du weißt, dass ich die Arbeit mag,
doch heute ist mein letzter Tag
der Arbeit. Ach, was bin ich high,
jetzt hab ich 30 Tage frei!

Neuanfang

Oh, was ist es wieder schön
zur Büroarbeit zu geh'n.

Welche Nasen kenn ich noch?
Wer kam neu aus seinem Loch?

Doch das Schönste ist nicht weit:
Es kommt die nächste Urlaubszeit!

Neuanschaffung

Willst Du Speisen nicht verdorben,
sondern immer frisch genießen,
kannst Du Dir `nen Kühlschrank borgen,
oder kaufen, oder leasen.

Klausurtagung

Abgeschieden von der Welt,
nur für sich im kleinen Kreis,
reden wir mal über's Geld,
was durch aller Hände Fleiß,
in die Stadtkassen geflossen.

Doch bei allem Ernst der Lage,
diskutiert mit viel Bravour,
nach den Mühen über Tage,
ging man abends auf Klausur:
Bier durch Kehlen abgeflossen.

Telearbeit

Ein Arbeitsplatz zu Haus
vermeidet Zeit und Staus.
Und auch der Heimweg nach zuhause
erfolgt dann ohne eine Pause.
Denn aus dem Büro herabgestiegen
ist man sofort bei seinen Lieben.

Arbeitskreis

Will ich vom Zaun mal etwas brechen,
und zwar Gedanken, schnell und klar,
dann gehe ich mich schnell besprechen,
mit anderen, wie wunderbar.

Doch meistens kommt dann die
Erkenntnis,
wie in der Küche um Halb zwei:
Dass das Besprechen Arbeit ist,
doch zuviel Koch verdirbt den Brei.

Sommer

Schwimmst Du im Rhein beim BVA,
ist es schön warm und wunderbar.
Wenn eine kleine Uferwelle
Dir schenkt noch eine Lachsforelle,
ist das der beste Sommerhit:
Dann wünsch ich guten Appetit!

Wochenende I

Wenn alles mit `nem sanften Lächeln
durch die vollen Straßen rennt,
und alle frische Luft zufächeln,
dann ist endlich Wochenend.

Motivation

Heut' sitz ich hier, hoch motiviert.
Jedoch die Arbeit, die mir eingeteilt,
bewirkt, dass mir das Blut gefriert.

Arbeit, die wir nicht besonders lieben,
das sage ich nicht übereilt,
können wir ruhig einmal schieben.

Denn sonst passiert es unverhofft,
dass wir nur Arbeit lieben
die wir schieben.

Landluft

Sonnenschein, milde Luft,
von der Landwirtschaft der Duft,
besser als Gestank vom Sprit.
Kommt zu uns und freut Euch mit.

Novemberkaffee

Nebel, Wolken, Regentropfen
fallen auf das Land hernieder.
Prophylaktisch Nasentropfen,
sonst hat mich der Schnupfen wieder.

Doch dann steh ich vor der Haustür
mit dem Kaffee in der Hand.
Und denke, an und sich für:
Am schönsten ist's im Münsterland.

Heima- (rbei)-t

Raureif liegt heut' auf den Dächern,
die Akten stapeln sich in Fächern,
der Himmel ist ganz hell und klar,
und auch die Arbeit, wunderbar,
geht heute leichter von der Hand.
Kein Wunder im schönen Münsterland.

Zustand

Zum Karneval in unsrer Stadt
fast jeder was zum Lachen hat.
Man kostümiert sich mit Kostüm,
und hier und da auch noch Parfüm.
Auch das Gesicht, das wird geschönt,
mit einer Nas' aus Papp gekrönt.
Jetzt sieht man aus wie'n bunter Specht,
nur meine Nase, die ist echt.

Vorsorge

Wenn man durch sein Tun besticht,
ist dann der Dank dafür schon
Korruption?
Ja, so musst Du denken!
Denn kommt ein kleiner Zeitungswicht
auf seiner Gutmensch-Bastion,
der will uns Zeilen schenken.

Hausapotheke

Hier liegt Schnee, es ist sehr glatt.
Ich glaub am besten ist's im Bad.
In einer schönen warmen Wanne
mit Bier gefüllt `ne große Kanne,
um mit dem Naturheilmittel
ohne Arzt und Schwesternkittel
meine Erkältung zu kurieren.
Ja, das werd ich ausprobieren!

Frischluft

Das kleine Mädchen ist jetzt froh,
es sitzt in seinem Cabrio.
Es genießt nun Wind und Sonne.
Das ist verständlich eine Wonne

Ratschlag

Ist Dein Ärger schon verflogen?
Oder hat er Dich beschwert?
Schmeiß ihn doch in hohem Bogen
weg, denn er ist es nicht wert.

Ast(h)ma

Zwei Waldarbeiter treffen sich.
Der eine keucht ganz fürchterlich.
Er ringt nach Luft, sagt: Platz da!
Der andere: Halt Du `n Ast ma'!

Lebenshilfe

Und scheint der Ärger zu überwiegen:
Lass Dich bloß nicht unterkriegen!
Denn fängt er an dich zu beschweren,
kann es nur noch ärger werden.

Viehasko

In Südamerika da macht die Kuh
ein wenig Urlaub ab und zu.
Beim ersten Mal noch unbedarft,
was ihr serviert, aß alles brav.
So wurd´ der Erst-Genuss Tabasco
ihr persönliches Viehasko.

Auch nicht schlecht

Die Fastenzeit ist gute Zeit,
man kann an allem sparen.
Ich reduziere Arbeitszeit
und trink mir einen Klaren.

Niesreiz

Früher war's der Zorn der Götter,
wenn einem hier und da was zwackte.
Heute ist's die Allergie von Kötter,
die einen unvermittelt packte.

Die Rotfahrerin

In einer Tram, es war die Acht,
da hatte es sich ausgelacht:
Bei ´ner Kontrolle um halb sieben
Wurden Schwarzfahrer aufgetrieben.
Doch eine Dame unter Gefahr,
die sagte nur:
Ich fahr nicht schwarz, hab´ rotes Haar.

PKW-ehmut

Mein Auto war mir immer treu,
fuhr mich von Köln bis nach Berlin.
Ich kaufte es mir nagelneu.
Nun ist das alte Auto leider hin.

Ich war ihm so ans Herz gewachsen.
Saß ich bei ihm am Steuer,
bemerkt ich seine Liebe wachsen:
Das Auto fing jetzt Feuer!

Altbleiben

Es war einmal ein kleines Mädchen,
so Jahrgang dreiundsechzig,
ging jeden Morgen zu `nem Lädchen,
kauft Jugend für einssechzig.

Dabei ist es doch gar nicht schlecht,
mit den Jahren alt zu werden.
Freu Dich drauf, dann wird es recht
Dir gut geh`n hier auf Erden.

Ökologie

Da kommt Herr Tarier des Weges,
ist von Beruf Agrarier.
Er isst kein Fleisch in sein'm Mercedes,
denn er ist „W"egetarier.

Ökonomie

Ein guter Kaufmann ist der Mann,
dem Eskimo verkaufen kann,
einen Kühlschrank mit Gefrierfach
mit Sternen drauf, die vierfach.

Gemach, gemach

Wenn die morschen Knochen knacken
wie der Schreibtisch unter Last,
solltest Du die Sachen packen
und Bewegung tun, doch ohne Hast.

Denn schon manchem, der sich eilte,
hing die Zunge aus dem Schlund,
trat darauf, der Schmerz ereilte
ihn, fiel dann auf Grund.

Zahnarzt um Halb fünf

Ich liege auf dem Stuhl
beim Doktor namens Juhl.
Ich würd' so gerne Purzel-
bäume schlagen,
doch er geht an die Wurzel
ohne Fragen.

Himmelszelt

Warst Du nicht auch schon müde einmal,
so richtig abgeschrubbt bis auf das Fell?
Und fern der Heimat ohne Zelt mal?
Dann ist die Rettung ein Hotel.

Und wenn kein's in der Nähe ist,
das kann passieren in der Ferne,
leg Dich ins freie Feld mit List.
Der Himmel hat die meisten Sterne!

Tatzeit

Kommt ein Gutmensch denn daher,
fällt es ihm bestimmt nicht schwer
im Glauben, schön sei's anzuecken,
für alles Mitgefühl zu wecken,
wie schrecklich doch so alles sei,
verfällt er gleich in groß Geschrei.
Anstatt mit Worten rum zu fetzen,
gut ist, einfach die Tat zu setzen.
Dies befreit vom Wortschwallmief
und ist dabei höchst effektiv!

Berliner Wochenende

In Biesdorf Martina zu sich spricht:
Heut ist es Zeit für das Freitagsgedicht.
Jetzt werd ich meinen Wortschatz
schütteln,
so richtig durcheinander rütteln.
Aus meinem Brägen nimm ich Leim
und fertig ist der schönste Reim
von Sonne, Picknick und Gewässer.
Was ist für's Wochenende besser?
Genieße alle Sonnentage.
Das ist so schön, ganz ohne Frage.

Krawampel

Kaum ist die Mampel in Berlin
und stiefelt durch die Straßen,
schon sind Krawaller mittendrin,
die alles laufen lassen.
Sehn dann das rote Mädel
und spalten sich den Schädel.
Dies ist kein Flax, sondern real,
das Mädchen kommt aus Externtal.

Essen und Schlankbleiben

Bei Mampel vor der Hütte
da gibt's ein großes Fest.
Sie läuft mit einer großen Tüte
von Mandeln letztem Rest.

Hm, wie haben sie gemundet.
Es war'n nur 100 Grämmchen.
Sie haben nicht gerundet.
Auf, auf zum nächsten Ständchen.

Jetzt gibt es Zuckerwatte,
schön klebrig ist die Masse.
Und diese süße Watte
schmeckt ihr einfach Klasse.

Nach Stunden des Naschens,
gut gefüllt mit Spezereien,
jetzt Schlaf erhaschen
mit Musik aus Schalmeien.

Der Heimwerker

Hochgemauert über Erde
steht die Mauer aus Beton.
Hab gewusst, dass sie was werde,
Schiller hätt' auch was davon.

(H)-Eiszeit

Hast Du eine heiße Birne,
lege Dich ins Kühlregal.
Ist aus Eis dann Dein Gehirne,
ist Dir alles sch... egal.

Alle sind gleich

Leider gibt es viel Blamagen
auch in oberen Etagen!
Nicht , dass's sich um Rindvieh handelt,
sondern dort der Mensch auch wandelt.
Denn selbst ein Ministermann,
muss auch hinten, wenn er kann!

Schlafstörungen

Mitten in der tiefen Nacht
Heine um den Schlaf gebracht.
Doch auch ich in langer Nacht
hab schon oftmals durchgewacht.
Hab an Deutschland nicht gedacht,
sondern an das Thema Macht.
Kann in einem tiefen Schacht
als des Menschen schwere Fracht
schlummern und dann ohne Acht
Menschen töten, doch gebt acht:
Eine positive Macht
ist Humor, denn viel gelacht
hat schon mal Despoten sacht
heimlich um die Macht gebracht.

Wechselhaft

Oh, du feiner Sommerregen
was kommst du mir heut gelegen.
Nach den Tagen hoher Hitze
heute nicht mehr so sehr schwitze.
Heute nur des Himmels Wasser
macht meine Klamotten nasser.
Doch ich freu mich mit dem Reime,
dass die Sonne wieder scheine.

Alles anders

Manch Ausspruch über ´ne Person
ist so was von daneben.
In Wahrheit ist, man ahnt es schon,
das Gegenteil gegeben.

Sommerheimat

Die Sonne steigt, die Gradzahl auch,
die Sonne scheint mir auf den Bauch.
Das Mittagessen rückt schon näher.
In der Küche sind die Späher,
den Blick auf Speisen starr gerichtet.
Mmh, was heut schon angerichtet
ist was leckres für den Magen,
und ich werd`es gut vertragen.
Als Nachtisch dann Espresso trinken,
danach dann zur Siesta sinken.
Ach, wie schön sind Sommertage
im Münsterland in bester Lage!

Frühaufsteher

Ein früher Vogel fängt den Wurm,
so sagt ein alter Spruch.
Drum schau ich früh aus meinem Turm
des Schlafes schon genug.
Und wirklich, schau, die Luft ist klar,
die Sonne sendet Strahlen.
Der Morgen heut' ist wunderbar,
mit Geld nicht zu bezahlen.

Warum die Nachti Gall heißt

In einer lauen Sommernacht
vor ein paar hundert Jahren,
hat sich ein Spatz ein'n Spaß gemacht,
bestellte sich `nen Klaren

Er goss ihn in die Tränke
seiner Freundin Sulameit,
die hatte mit Gezänke
zuvor mit ihm `nen kleinen Streit.

Sie war zwar eine Nachti,
doch wenn sie sang, dann lallig
und nach dem Schnaps erst lacht sie,
danach wurd' sie ganz gallig.

Aufpassen

Bist du am Wasser
und willst fix ins Boot,
wirst du schnell nasser,
fällst du aus dem Lot.

Bürokratenschicksal

An seinem Schreibtisch saß ein Mann
mit Bergen voller Akten.
Er blätterte und guckt sich an
Geschriebenes in Fakten.

Und hat er sich in Wut gelesen,
er war ja nicht aus Watte,
so biss er, das war nun sein Wesen,
in seine Schreibtischplatte.

Jetzt hängt er fest,
das ist sein Lohn,
wenn man ihn lässt,
bis zur Pension.

Bürokratinnenschicksal

An ihrem Schreibtisch saß `ne Frau
mit Bergen voller Akten.
Sie laß sehr fleißig, gar nicht lau,
Geschriebenes in Fakten.

Und hat sie sich in Wut gelesen,
sie war ja nicht aus Watte,
so biss sie, das war nun ihr Wesen,
in ihre Schreibtischplatte.

Jetzt hängt sie fest,
das ist ihr Lohn,
wenn man sie lässt,
bis zur Pension.

Nur so da

Mitten im Sommer im Münsterland
bei allerschönstem Sonnenschein,
sitzt jemand vorm Haus auf seiner Bank
und bastelt hier an diesem Reim.
Nicht, dass ein tiefer Sinn darin
sich verstecken würde, nein.
Dieses Gedicht ist für dahin
nur so da, wie der Sonnenschein.

Nur so

Es fragte neulich mich Herr Specht:
Wie isset Dir? Ich sagte: Schlecht.
Kurz darauf kam mein Freund Knut.
Da fühlte ich mich wieder gut.
In diesen Zeilen Sinn zu legen?
Gedichtet nur des Reimes wegen!

Nicht alles schlecht

Es mag zwar sein, dass mancher Spruch
der Ahnen uns zum Gähnen bringt.
Auch stehen sie in dem Geruch,
dass vieles so sehr spießig klingt.

Doch seien wir mal objektiv,
so, wie wir es erlernten,
dass manche Weisheit'n ganz schön tief
die Wahrheit für uns ernten.
„Morgenstund hat Gold im Mund"
so sagten früher Leute.
Was Du nicht schaffst bis Neune rund,
das schaffst Du nie, so heute.

Nicht alles was die Ahnen sagten,
ist heute schlecht und nichtig.
Dass wir mal das zu sagen wagten,
das halte ich für richtig.

Après Arbeit

Hat man der Arbeit mal genug,
dann geht man auf Betriebsausflug.
Verbunden mit ein bißchen Reisen,
auch auserlesene, gute Speisen
werden dabei aufgetischt.
Die Dame sich den Herren fischt.
Oder ist es umgekehrt?
Wenn man dann nach Hause fährt
nach einem Tag der wunderbar,
freut man sich aufs nächste Jahr.

Osterwunsch

Ostern ist `ne schöne Zeit,
insbesondere, wenn's nicht schneit
und statt dessen alles blüht,
das kleine Bienchen sich bemüht
für uns Honig einzubringen.
Doch ich wünsch vor allen Dingen
Dir viel Eier, Brot aus Toastern
und natürlich frohe Ostern.

Überraschung

Was ich liebe ganz enorm
sind Pakete jeder Form.
Bringen jedes Mal mit Fassung
eine kleine Überraschung.

Schokolade

Ach, was ist das ein Genuss
nach dem Mahle fast ein Muss,
etwas Süßes einzunehmen,
sich entspannt zurückzulehnen,
mit dem Ausdruck von Verzücken
Schokolade zu verdrücken.
Nicht übertrieben, wenn ich sage,
eine gute Schokolade
kaufst du in Bogen und in Bausch
in Berlin bei Firma Rausch.

Der Spenderin Dank, de jure,
ich freu mich auf die nächste Fuhre.

Selbstverständlichkeiten

Jeden Tag bedient uns Ohm,
Watt und Volt, genannt auch Strom.
Wie die gute Tageszeitung
kommt er täglich, aus der Leitung.
Immer da, wenn man ihn braucht.
Nie ist er mal abgetaucht.
Was ist das dann für ein Schreck,
bleibt der Strom auf einmal weg.
Durch des Sturmes starke Stücke
reißt in Leitung eine Lücke,
oder Kurzschluss durch Gewitter.
Das ist für Verbraucher bitter.
Insbesondere am Morgen
tun sich auf so manche Sorgen.
Wie nun Morgentoilette
nach dem Schlaf im warmen Bette?
Also sieht man, dass ich husche
bei Kerzenschein unter die Dusche.
Wie brüh ich heute den Kaffee?
Stromausfall tut richtig weh!
Darum denkt doch ab und zu
in Zeiten mit ein bisschen Ruh:
Welche Freude uns bereiten
täglich Selbstverständlichkeiten.

Wochenende II

Guck ich heute aus dem Bau,
seh' ich den Himmel strahlendblau.
Der Woche Mühen sind vollbracht.
Ab und zu hab ich gelacht.
Doch jetzt Schluss mit der Maloche.
Ich gehe nun ins End der Woche.

Weinlob

Des Abends, als der Mond schön leuchtet'
Hab`ich mich mit Wein befeuchtet.
Nicht von außen auf die Kleidung,
sondern unter Fleckvermeidung
über Lippen, Zunge, Gaumen,
auch der Hals, der konnte staunen,
was der Wein für ein Genuss,
den man einfach trinken muss.

Gelassenheit

Da kommt ein Schnösel leicht daher,
macht dumme Sprüche, um so mehr
kannst Du das gar nicht fassen.

Und fällt es Dir auch noch so schwer,
mein Rat kommt nicht von ungefähr:
Bleib locker und gelassen!

Ärger von gestern

Nach den gestr'gen Tagesmühen
wird heut morgen wieder blühen
eine neue Zuversicht.

Jeder Ärger der uns lief
gestern nach, ist relativ.
Heute ärgert er mich nicht.

Wie beim guten Tageslauf
geht die Sonne immer auf:
Dies gilt auch für Dich!

Tageslob

Beginnt der Tag mit trüben Gedanken
so wie das Wetter manchmal ist,
dann weise sie in ihre Schranken,
weil es einfach besser ist,
nicht lange nur zu lamentieren,
sondern das Leben ausprobieren.
Denn jeder Tag zeigt Dir auf's neue,
da ist etwas, d`rauf ich mich freue.

Wechselhaft

Bist Du nicht froh
im Kleinbüro,
such Dir was neues.
Und dann bereu es,
wenn sagt dein Boss:
Ich bin `se los!

Alte Erkenntnis

Die Natur hat viel eingerichtet
im Laufe der Globalgeschichte.
Vieles wurde schon gesichtet,
sogar mit Professor'ngewichte.

Auch ist erstaunlich, dass zur Zeit,
viel Menschheit will das eine nur,
und sich darüber legt ein Streit:
Zurück nun endlich zur Natur.

Doch wenn's ans Eingemachte geht,
zum Beispiel beim Verzicht,
da sprechen diese Leute stets:
Mit mir zuerst mal nicht.

So ist's nun mal beim Menschen gleich,
als der Natur ihr Giebel:
Des Menschen Wille ist sein Himmelreich,
so steht's schon in der Bibel.

Aus dem Staub gemacht

Wenn Pomeranzen
leichtfüßig tanzen,
nehmen Männer ihren Ranzen
und hinterlassen stets Vakanzen

Prüf-Prüfer

Die Finanzen schlagen Wellen,
drum werden alle Stellen
überprüft.
Denn eine Zahl von Stellen-
inhabern machen Wellen
mit Mief.
Anstatt zu schwingen Kellen
sichern sie nur Felle (n)
wie'n Dieb.

Geburtstagsmorgen

Eines Morgens wachst Du auf,
Kaffeeduft zieht in Dein Zimmer.
Die Sonne ist auf ihrem Lauf
und sendet Dir bereits Geflimmer.
Ein Fläschchen Sekt steht vor dem Bett.
Woher wusste sie, dass ich das mag?
Ja, so'n Geburtstag ist doch nett,
und das den lieben langen Tag!

Weinschein

In Ibbenbüren war ich mal,
zum Essen, Trinken, Schwitzen.
Es war Sommer, ohne Schal
konnte ich draußen sitzen.
Wie viel Wein ich dabei schluckte,
weiß ich beim besten Willen nicht.
Nur, als ich mal nach oben guckte:
Der Mond hat' ein Orangegesicht.

Arbeits-Vivendi

Ein'n guten Morgen ins Büro,
das macht die Sekretäre froh
eingedenk des Sonnenschein',
abends dann ein Gläschen Wein.
Ja, so geht im ganzen Land
die Arbeit besser von der Hand.

Der Säufer

Und ist der Tag erst angebrochen,
kommt da die Mühsal angekrochen?
Nein, nur Kopfschmerz ist jetzt
ausgebrochen
Als hätt' er's gestern schon gerochen,
nachdem er alles hat erbrochen.

Reiseratschlag

Wenn Dir schlecht wird, nimm die Tüte,
mach sie voll und schnür sie zu.
Habe bitte noch die Güte:
Mach danach den Mund schön zu.

Notfall

Ein Mann, o Schreck,
lief vor den Golf.
Der Arzt war weg.
Er spielte Golf.

Trockenlegen

Der Patient mit kranker nose*
fragt den Arzt um Diagnose.
Der sagt bloß nur: Diese Chose
läuft Ihn'n dauernd auf die Hose,
drum nehmen Sie aus dieser Dose.
Und Sie wer'n den Schnupfen lose.

*das ist englisch und heißt Nase, aber
bitte deutsch aussprechen, weil sich
sonst der Reim nicht reimt

Die Kunst, ein Egoist zu sein

Des Abends in dem Guckgerät,
da hüpft so mancher Showstar rum.
Und ist es auch schon richtig spät,
er glänzt vor seinem Publikum.

Jeden Morgen vor dem Spiegel,
sehe ich mich wunderbar.
Schaue dann auf meinen Giebel:
Eigentlich bin ich der Star.

Erkenntnis

Der Horizont ist schon ganz hell.
Die Vögel fliegen jetzt sehr schell,
und fangen sich so ein, zwei Mücken,
um sich das Frühstück zu verdrücken.
Der Hahn, der kräht die Hennen wach,
dass jede schnell ein Eichen macht,
welches ich kann dann verspeisen.
Im Radio lausch ich den Weisen.
Ich trinke Kaffee, ess mein Brot
aus feinstem Korn und grobem Schrot,
und stelle fest, unmittelbar,
uns geht es doch sehr wunderbar.

Siesta I

Man meint, ein Mittagsschlaf der sei
ein Tiefpunkt, weil man ruht.
Doch ist's genau das Gegenteil,
weil nach der heißen Mittagsglut
wir sind dann sehr gut ausgeruht.
Und deshalb ist Siesta
so schön wie die Fiesta.

Kurlatein

Stehst Du im Moor schon mit den Füßen,
kannst bald niemanden mehr grüßen,
da Du schnell nach unten sinkst,
schnell noch mal zur Sonne winkst.
Einen Gruß noch an die Eiche,
dann bist Du bald eine Leiche.
Doch was machst Du armer Tropf?
Wie Münchhausen mit dem Zopf
ziehst Du Dich raus.
Du siehst:
Sehr hart
ist in der Kur das Moorbad.

Immer die anderen

Da schlummert er nun, dieser Antrag,
und dabei haben wir schon Samstag.
Erst gestern schickte ich ihn los,
hab` noch immer nicht mein Moos.
Das ist doch wohl so richtig lahm.
Immer geht's langsam, will ich was ham.

Siesta II

Der Mittag kommt, der Morgen geht,
für's Mittagsschläfchen nie zu spät.

Der Morgen geht, der Mittag kommt,
Jetzt aber Siesta machen, prompt.

Innere Stimme

Wenn ein Bäuerchen sich schnell
entwindet
Deinem Hals und dann verschwindet.
Spricht zu Dir Dein eigner Magen:
Ich will auch mal etwas sagen!

Schlemmbeeren

Große Schale, rote Beeren,
Freunde, die Dich nicht beschweren,
ob natur oder mit Sahne,
mit Likör und dann `ne Fahne.
Lasst's Euch schmecken. Auch ein kleines
Eis mit Erdbeer'n ist was Feines.

Reisen für Alle

Es ist noch gar nicht lange her,
da war das Urlaub machen schwer.
Der Mensch, der lebte auf der Scholle.
Nur reiche Leute mit `ner Jolle
oder anderem Gefährt, die fuhren
nach Italien zum Kuren,
oder gar nach Übersee.
Bei Goethe war das schon per se
eine Art sich fortzubilden.
Auch fuhren manche zu den „Wilden",
nicht nur, um sich zu erheitern,
nein, den Horizont erweitern.
Heute kann die breite Masse
selbst bei schmaler Urlaubskasse,
weil wir alle sehr mobil,
alles denken sich als Ziel.
Wie schon oben kurz genannt:
Reisen bildet. Sehr gespannt
sind wir dann auf fremde Länder,
Essen, Trinken und Gewänder.
Jedoch: Darauf nichts einzubilden,
sonst sind die Reisenden die „Wilden".

Die Weltmitte

Jeder Mensch der Welt der trohnt,
egal wo er nun einmal wohnt,
mit dem Gedanken, der gefällt:
Hier ist der Mittelpunkt der Welt.
Nimm als Beispiel die Stadt Olfen.
Dort wurd' vielen schon geholfen,
die meinten in dem Münsterlande
wohnt nur die Pumpernickelbande.
Nein, auch auf diesem Stückchen Erde
mancher doch sehr glücklich werde.
So ist es doch recht einerlei,
welch Stadtes Bürger ich nun sei.

Weniger

Nachdem ich gestern einen Nachbarn,
von seinen Eltern ist's ein Nachfahr,
hab zum Essen reingebeten,
muss ich ab heute kürzer treten.

Urlaubspost

Während ich der Dinge harrte
kam von Dir `ne Urlaubskarte,
Fotos auf der Vorderseite,
hinten dann von Dir Geschreibe,
über Sonne, Wind und Landschaft,
ein paar Worte zur Bekanntschaft,
wie schön doch alles dort noch ist.
Den Arbeitsplatz Du nicht vermisst.
Für dieses Poststück meinen Dank,
die Karte häng ich an die Wand.

Nachurlaub

Nach Tagen der Erholung fern
der Heimat bin ich wieder gern
in meinem kleinen Eigenheim
und trinke mir ein Gläßchen Wein.
Ich schwärme von der schönen Zeit.
Für'n nächsten Urlaub schon bereit.

Keine Frage

Triffst Du mal ein weiblich Wesen,
Gar hold und schön, mit goldnen Haaren,
oder Haare wie ein Besen.
Egal, frag nie nach seinen Jahren.

Apo-Opas

Vor rund vierzig Jahren
da meinten junge Leute,
die Alten muss man jagen
und hetzen wie die Meute
auf alles, was alt hergebracht.
So wurde gleichsam über Nacht
nicht nur das Schlechte über Bord,
sondern auch das Gute alter Zeit
mit dem Zeitgeist einfach fort-
gespült. Doch jetzt gereut
`s den Jungen, die heut selbst Senioren.
Und deshalb spitzt einmal die Ohren:
Strengt wenigstens jetzt an Eure Grütze,
sonst kriegt Ihr was auf die Mütze!

Freudenzeichen

Der arme Ernst, er hatte Falten
von seinen vielen Sorgen.
Es kamen neue zu den alten
dachte er nur an morgen.

Auch ich hab starke Falten,
kann nichts dagegen machen.
Doch diese Knitterfalten
kommen bestimmt vom Lachen.

Bowlerezept

Erdbeeren
Brombeeren
Braunbeeren
Eisbären
Himbeeren
Hubschraubären
Akkuschraubären
Johannisbeeren
Tanzbären

Klimawechsel

Wenn einer zuviel Bierchen trinkt,
dann hat er Lallergie.
Wenn eine olle Polle winkt,
bekommt man Allergie.
Drum zieh ich weg nach Afrika
nicht nur so in die Ferien.
Ich bleibe jetzt für immer da,
und zwar in Allergiegerien.

Wasser und Wein

Wenn bei Hitze Wein genossen
treiben viele Ihre Possen,
weil sie seine Wirkung dann
unterschätzten. Klug tut man,
wenn neben Wein aus gutem Fass
Wasser steht, als kühles Nass.

Motivationslos

Keine Lust an nichts.
Auch solche Tage gibt's.
Beim kleinsten Auftrag schon
ist weg Motivation.
An solchen Tagen: Ruhige Miene.
Den Rest schaff ich dann mit Routine.

Saufgelage

Wenn du am Weekend Dich entspannst,
in Röcken oder auch Hot pants,
ob im Freibad, auf `ner Feier,
bei Müller, Grau oder auch Meier,
besorg zum Trinken Dir `ne Tonne,
so wird das Weekend eine Wonne.

Beamtenglück

Die Sonne scheint in mein Büro,
das macht den kleinen Christoph froh.
Das ist erquickend und erlabend,
Er freut sich auf den Feierabend.

Auch Martina, diese Kleine,
streckt unterm Tisch Beamtenbeine,
überlegt dabei so mancherlei
und denkt, heut Abend hab ich frei.

Mündliches

Ich habe immer Interesse
andern Leuten auf die Fresse,

nein nicht blind darauf zu hauen,
sondern auf den Mund zu schauen.

Was sie den Tag so von sich geben,
über sich und von dem Leben,
damit, ich mach das immer gerne,
von diesen Leuten noch was lerne

Surfen

Es ist sehr heiß.
Es läuft der Schweiß
auf meine Tastatur.
Der Computer ist nass.
Das finde ich krass:
Das ist Surfen pur.

Bildschirmarbeitsplatz

„Ich hab' im Büro noch nie geschlafen",
so hebt die Hand er wie beim Schwur.
Doch man muss ihn gleich bestrafen.
Die Stirn zeigt Druck der Tastatur.

Spielleidenschaft

In kleiner Runde locker hocken,
ein Glühwein brutzelt in dem Topf,
da macht es Spaß, mal wieder zocken,
am liebsten spiel ich Doppelkopf.

Poetenlob

Ich bin erstaunt ob dieser Verse.
Haben da vielleicht diverse
Reime eines Manns aus Olfen
dem Talent von Dir geholfen?
Das bis dato schlummernd tief,
zugedeckt vom Aktenmief,
bei Dir auf Entdeckung harrte,
und jetzt endlich aus der Warte-
position sich seinen Weg bahnt?
Hätt' ich das doch nur geahnt.
Hätt' ich früher schon gereimt
und mich bei Dir eingeschleimt.
Also sollten wir nun beide,
auf dass uns jeder Mensch beneide,
einen Dichterkreis beschließen,
dass er wächst und gut gedeiht,
und wir endlich aufgereiht
mit den Dichtern dieser Erde,
dass aus uns noch mal was werde.

Peinlich?

Manchmal ist es richtig peinlich
das beim Sprechen ungewollt,
obwohl wir immer äußerst reinlich,
sich Spucke mit nach draußen trollt.

Doch sieh es nach, nimm es gelassen,
denk an des Himmels Wolkenregen.
So kann man es in Worte fassen:
Auch Spuckeregen der bringt Segen.

Energiewunder

Die Sonne bringt die Energie
in wunderschöne Trauben.
Der Wein schmeckt danach wie noch nie
nach Energie,
das kannst Du glauben!

Winzen I

Der Winzer sitzt am Schober,
genießt die Winzerin und seinen Wein.
Es ist im Goldenen Oktober.
So schön kann Winzen sein!

Herbstwein

Mein Weinvorrat der geht zu Ende,
der Oktober langsam auch.
Bald ist die Novemberwende.
Frost setzt sich schon an den Strauch.

Das Kaminholz ist gespalten.
Im Kamin da knistert's wieder.
Neuer Wein folgt auf den Alten.
Ich lass mich zum Trinken nieder.

Erntedank

Hast Du denn schon gut gespiesen
und das Essen hoch gepriesen
ohne, dass Du in den Garten
mit der Hacke oder Spaten
mühsam Essen anzubaun?
Auf dem Tisch schön anzuschaun
ist die Ernte unsrer Bauern,
die nach Sonne und nach Schauern
wohl gewachsen und ganz frisch
steht zum Essen auf dem Tisch.
Und wie duftet alles fein!
So, jetzt schieb Dir auch was rein!

Ablenkung

Wenn die Schmerzen in dem Rücken
Dich vor Schmerz schon bald erdrücken,
Lass `nen Hammer kräftig fallen
auf den Fuß, dann kannst Du krallen,
Dir ein paar wunderhübsche Krücken.
Und schmerzfrei ist Dein Rücken!

Auch das muss mal gesagt werden

Nachdem ich den Salat verspeiste,
der Nachtisch mit nach unten reiste
und dann Espresso heiß getrunken,
schon hat es hinterrücks gestunken:
Was vorne köstlich schmeckt beizeiten,
wird hintenrum nach draußen gleiten.

Wortchirurg

Ein Professor, der doziert,
ist jemand, der auch gern seziert.
Allerdings nicht uns'ren Körper,
sondern eher uns're Wörter.

Danksagung

Was ich kurz noch sagen wollte
nach der fast durchzechten Nacht:
Jeder Deiner Gäste zollte
Dir viel Ehre. Und das macht
Deine Feier unvergesslich
in der Reihe schöner Feste,
und wer gestern war unpässlich,
hat verpasst somit das Beste.

Kein Alter

Ja, ich weiß nicht, soll ich's wagen
nach dem Alter sie zu fragen,
wo doch Frauen zart besaitet,
wenn das Alter ausgeweitet?
Deshalb hat es schon gegeben,
dass in einem Frauenleben
vierzig Mal das Glückwunschfest
mit der dreißig frau verlässt.
Doch das lässt Dich völlig kalt,
schließlich bist Du noch nicht alt!

Selbsterkenntnis

Wenn ich andere Menschen sehe,
wie sie klug sind und gescheit,
wird es mir im Kopf so wehe,
mein Gehirn ist eingeschneit.

Da hilft kein Tröpfchen Vitamin,
kein Trank Intelligenzium.
Man kann mich wenden und auch ziehen:
Es bleibt dabei, ich bleibe dumm!

Siesta III

Im Münsterland da gibt's den Brauch,
dass man mit `nem vollen Bauch,
gefüllet durch des Schlundes Munde,
sich hinlegt zu `ner Unterstunde.
Hält man sie nicht und wacht man lieber,
ist diese Stunde nun mal über.
Doch das ist selten bei uns im Land.
Drum: Überstunden sind nicht bekannt.

Spurenelemente

Hast Du viel Eisen in Deinem Blut,
dann geht es Dir wie immer gut.
Hast Du aber viel zu wenig,
musst Du essen wie ein König:
Nägel, Krampen, Blech nach Wahl,
und als Krönung Brot aus Stahl.

Winzen II

Der Winzer sitzt am Rhein
und trinkt sich ein'n.
Auch seine Frau
ist schon ganz blau.

Erziehung

Ein Vater schimpft mit seinem Kind,
wie schlimm denn Kinder nun mal sind.
Und auch das Kind ist ungehalten
und motzt ganz kräftig mit dem Alten.

Das eine gibt das and're Wort.
Mit einem Mal sind sie dann fort.
Beide haben einen Kater,
das Kind und auch der „alte" Vater.

Doch wie nach jedem Donnerschlag,
die Welt man danach wieder mag,
geschieht, was vorher nicht gelang:
Jetzt ziehen sie am gleichen Strang.

Seminarauswertung

Wie war es auf dem Seminar?
Waren alle wieder da?
Auch die einzelne Person,
die immer spricht am Morgen schon?
Mal ein Dozent, mal ein Assessor,
auch schon mal ein Herr Professor,
aber immer einer, der sich wähnt
sehr gut zu sein, obwohl man gähnt.

Geburtstagsglück

Da gibt's in Preußen doch so Sachen:
Zum Beispiel einfach frei zu machen,
wenn sich jährt das Wiegenfeste.
Dabei ist es doch das Beste
sich an diesem Jubeltage
mit des Schreibtisch großer Plage
sich den Tag schön zu gestalten
und anstatt sich seine Falten
zuhaus im Spiegel anzusehen
doch lieber ins Büro zu gehen.

Lebenskünstler

Ist jede Kunst nur dann erst Kunst,
wenn ich sie nicht kapiere?
Oder steigt sie in der Gunst,
wenn ich mich sehr geniere?
Muss ich mit Fett ein wenig kleistern,
so wie der Schlapphut Joseph Beuys?
Nein, Kleinigkeiten mich begeistern,
das ist doch eigentlich was neu's!
Die Kunst, den guten Ton zu bringen,
die Kunst, im Leben auch zu geben,
und Gelassenheit bei allen Dingen:
Das ist die Kunst im Leben eben.

Advent

Wenn der Nikolaus schon naht
und die Gans im Ofen gart,
nimmt der Opa stolz sein Lätzchen,
Oma backt noch schnell die Plätzchen,
der Enkel um die Stühle rennt,
dann ist endlich der Advent.

Gesundheitsreform

Es mag erstaunlich klingen,
doch in Krankheitsdingen
hilft bei manchem Schmerz
ein richtig guter Scherz.

Heute so

Ach, was gibt es für Momente
in den'n ich einfach alles könnte.
Doch man sollte sich bescheiden
und locker auf dem Boden bleiben.

Morgen so

Ach, was gibt es für Momente
in den'n ich einfach alle könnte,
anstatt sie nur mit Lob zu gießen
nur weit weg auf den Mond zu schießen.

Termindruck

Denk ich an das Wort Termine,
denk ich immer an Hermine,
die mit ihren vielen Faxen
jedes Treffen ließ kurz platzen

Mundtot

Eiskalt ist das Wetter,
glasklar ist die Luft.
Freizeit wär' heut besser,
nur, die Pflicht, die ruft.

Doch ich merk, die Unlust steigt
wie die Sonne jetzt zur Stund'.
Da kommt mir ein Fingerzeig:
Ich stopf der Pflicht den Mund.

Kalk der Zeit

Kaum auf der Welt, schon wird sie alt.
Erst denkt sie kaum, dann denkt sie
nach.
Des Nachts liegt sie nun öfters wach.
Aus ihrem Hirne dringt der Kalk.

Kalk der Zeit (Genderfassung)

Kaum auf der Welt, schon wird er alt.
Erst denkt er kaum, dann denkt er nach.
Des Nachts liegt er nun öfters wach.
Aus seinem Hirne dringt der Kalk.

Ungespritzt

Komme g'rad vom Mittagstisch,
gab kein Fleisch und gab kein Fisch.
Habe lediglich genossen
Salat mit viel Öl begossen.
Auf einem Blatt, da saß `ne Raupe,
die mich geradezu anschaute
und flüsterte; Ja, da schau hin,
hier ist sogar noch „Bio" drin.

Häuslebauer

Ein Haus ist schon was feines,
und sei es nur ein Kleines.
Beim Bauen setzt sich Stein auf Stein.
Wenn's fertig ist, dann ist es mein.
Und wenn der erste Sekt dann floss,
dann ist mein Haus mein eig'nes Schloss.

Wochenlauf

Diese Woche war `mal wieder
rauf und runter, hoch und nieder.
Hektik, die ein' schnell ereilte,
selber auch noch mit verteilte.
Doch jetzt ist es abzusehen
gleich ins Weekend abzugehen,
auf das ich mich so richtig freue.
Nächste Woche dann auf's neue.

Verantwortlichkeiten

Läuft was schief in der Behörde,
ob in Bonn, in Eckernförde,
auf Geheiß des Cheffes Wille.
Doch nachher durch die Pressebrille
ist dieser Plan nicht ganz so gut,
packt der Chef sein'n ganzen Mut,
ob als Minister in Berlin, in Bremen,
ein „Kleiner" muss den Hut jetzt nehmen.

Gepflegtes Vorurteil?

Schon in den Märchen sind die Gnome,
charakterlich nicht so ganz ohne.
So ist es nicht verwunderlich,
dass mancher kleiner Menschenwicht
zwar nicht immer, aber meist,
wie ein Kläffer um sich beißt.

Kein Vergleich

Gestern noch mit großem Schmerz
lag ein Stein auf meinem Herz.
Er ist in einem hohen Bogen
mir abends auf den Fuß geflogen.
Doch der Schmerz im großen Zeh,
im Vergleich, der tut nicht weh.

Absaufen

Wenn einer sich ein Bierchen trinkt
mit ein bis zwei Korn zu und ab
und danach von dem Hocker sinkt,
der säuft sich ab.

Wenn einer hat der Arbeit viel
und wird die Zeit ihm knapp,
so ist das nie ein Kinderspiel,
dann säuft er ab.

Lob des Zahnarztes

Der Zahn der Zeit, er nagt nicht nur
mit dem Ablauf einer Uhr.
Nein, auch die Zähne auf der Leiste,
die zum Kauen tun das meiste,
sind nach einem Lauf der Zeit
auch vor Schäden nicht gefeit.
Das äußert sich, nicht nur im März,
meist durch einen tiefen Schmerz.
Bist Du dann beim Arzt gewesen,
kannst Du bald vom Schmerz genesen.
Dann schmeckt wieder gutes Brot,
und auch Wein, am liebsten rot.

Nahtlos

Vom Winterschlaf gerad' befreit
folgt dann die Frühjahrsmüdigkeit.

Die Sommerhitze macht meist träge.
Im Herbst ich träumend Bäume säge.

So liefern Jahreszeiten nett,
die Gründe für das gute Bett.

Selbsteinbruch

Wenn Du verträumt die Haustür schließt
und den Schlüssel nicht mehr siehst,
bist Du der Pudel, ganz begossen:
Du hast Dich selber ausgeschlossen.
Doch das ist eigentlich kein Beinbruch,
jetzt machst Du selbst bei Dir `nen
Einbruch.

Wortursprung

Ein Chauvinist ist, der sein Land liebt
ganz extrem, wie's sonst kein'n gibt.
Der Duden sagt: „extrem patriotisch".
Solche Leute sind idiotisch.

Bei aktuell'n Geschlechterfragen
kommt „Chauvinist" jetzt auch zum
Tragen.
Vom Wortursprung wär' so ein Mann,
der Frauen extrem lieben kann.

Und, was stellen wir jetzt fest? ...
Jeder denkt für sich den Rest!

Gleichberechtigung

Während der Herr zum Sofa geht,
damit sein Schläfchen nicht zu spät
in den Nachmittag sich neigt,
während die Tochter Geige geigt,
hat die Frau den größten Nutzen
und wird das Badezimmer putzen.

Krisenmanagement

Mal gibt es Zeiten, problematisch,
da sitzen wir fast ganz apathisch
vor einem Berg ganz schlimmer Sachen,
und wollen gar nicht weiter machen.

Solch eine Zeit, die nennt man Krise.
Man ärgert sich dann über fiese
Leute und Begebenheiten
und möchte nur zur Erde gleiten.

Wie oft im Leben sei geraten:
Man soll darüber ruhig schlafen.
Denn ein paar Nächte durchgepennt
ist's beste Krisenmanagement.

Von der Natur abgeguckt

Geschlafen hab' ich heute lange
nach fast durchzechter, kurzer Nacht.
Ich hab' noch Falten auf der Wange,
so dass mein Gegenüber lacht.

Doch wenn ich jetzt nach draußen werfe
einen Blick durch's Fenster schnell,
dank meiner Brille Sehensschärfe,
seh' ich alles weiß und hell.

Über Nacht da hat Frau Holle
die Stadt mit Schnee schön abgedeckt.
Jetzt sieht man klar des Schminkens
Rolle:
Die Falten gehen davon weg!

Jahreszeiten?

Es schneit im Münsterland, ist alles weiß,
die Erdbeeren sind hoch im Preis.
Aus Spanien sind sie angetuckert,
die Erdbeer'n eß ich ungezuckert.

Aber eines ist mir aufgefallen

Während dort die Erde bebt
und ein Kind nicht mehr erlebt,
welche durchaus schöne Seiten
kann das Leben noch bereiten,
wird hier heftig diskutiert,
ganz entrüstet, ungeniert,
ob denn für Rezeptverschreiben
Euros sind nun einzutreiben.
Nun, da sag ich eines nur:
Der Diskurs ist Luxus pur!

Kaffeegeruch

Gestern tat ich im Café
einen Schuss in meinen Tee.
Dazu gab es Tortensahne.
Heute hab' ich eine Fahne.

Der Schnee

Klitzekleine Eiskristalle
befinden sich im freien Falle
auf die Erde niederschwebend,
Kinderstimmung heftig hebend.

Hinter der Scheibe im Warmen hocken.
Schauen, wie die weißen Flocken
Autos, Straßen, Häuserecken
mit ihrem Weiß schön zuzudecken.

Und das noch kurz vorm
Weihnachtsfest,
das nun die Hoffnung keimen lässt
in diesem Jahr zum Gänsebraten
Weihnachten mit Schnee zu starten.

Damenkaffee

Wenn im Büro die Herren tun,
so gegen nachmittags halb vier,
sich Damen in den Kaffee tun
nur Weinbrand, dem Getränk zur Zier!

4. Dezember
(Für alle, die mit einer Barbara
verheiratet sind)

Schutzpatronin unter Tage
bei des Bergmanns großer Plage.
Zweige, heute aus dem Garten,
noch drei Wochen etwas warten,
haben Heiligabend Blüten,
während wir das Christkind hüten.
Wer steckt hinter alledem?
Wer ist dieses Phänomen?
Jedem ist es jetzt schon klar:
Die Rede ist von Barbara.
Und das schöne, wie Ihr wisst,
ist, dass sie auch heilig ist.

Deshalb ist ganz froh mein Sinn,
weil ich mit ihr zusammen bin.

Inhaltsverzeichnis

Ars vivendi

Mahlzeit	2
Frischluft	11
Osterwunsch	32
Überraschung	33
Schokolade	33
Weinlob	35
Geburtstagsmorgen	40
Weinschein	40
Arbeits-Vivendi	41
Erkenntnis	44
Siesta I	44
Siesta II	46
Schlemmbeeren	46
Nachurlaub	49
Bowlerezept	51
Wasser und Wein	52
Saufgelage	53
Spielleidenschaft	55
Energiewunder	57
Winzen I	58
Herbstwein	58
Erntedank	59
Auch das muss mal gesagt werden	60
Danksagung	61
Winzen II	64
Advent	66
Ungespritzt	69
Lob des Zahnarztes	73
Nahtlos	73
Kaffeegeruch	77

Arbeit und Leben

Urlaub	3
Neuanfang	3
Telearbeit	5
Arbeitskreis	5
Sommer	6
Wochenende I	6
Motivation	7
Auch nicht schlecht	13
Ökonomie	17
Frühaufsteher	26
Bürokratenschicksal	28
Bürokratinnenschicksal	29
Après Arbeit	32
Wochenende II	35
Wechselhaft	37
Urlaubspost	49
Motivationslos	53
Surfen	55
Bildschirmarbeitsplatz	55
Seminarauswertung	65
Geburtstagsglück	65
Termindruck	68
Mundtot	68
Wochenlauf	70
Absaufen	72

Philosophpolitisches

Klaussurtagung	4
Vorsorge	10
Tatzeit	19

Alle sind gleich   23
Schlafstörungen   24
Alles anders   25
Nicht alles schlecht   31
Selbstverständlichkeiten   34
Tageslob   37
Alte Erkenntnis   38
Prüf-Prüfer   39
Immer die anderen   45
Reisen für Alle   47
Apo-Opas   50
Mündliches   54
Wortchirurg   61
Erziehung   64
Lebenskünstler   66
Verantwortlichkeiten   71
Gepflegtes Vorurteil?   71
Wortursprung   74
Gleichberechtigung   75
Aber eines ist mir aufgefallen   77

Heimatliches

Landluft   8
Novemberkaffee   8
Heima-(rbei)-t   9
Zustand   9
Sommerheimat   26
Nur so da   30
Die Weltmitte   48
Siesta III   63
Häuslebauer   70
Jahreszeiten?   76

Erkenntnisse und Ratschläge

Schleudertrauma 2
Neuanschaffung 4
Hausapotheke 10
Ratschlag 11
Lebenshilfe 12
Gemach, gemach 18
Himmelszelt 19
(H)-Eiszeit 22
Aufpassen 27
Gelassenheit 36
Ärger von gestern 36
Reiseratschlag 42
Trockenlegen 43
Die Kunst, ein Egoist zu sein 43
Innere Stimme 46
Weniger 48
Keine Frage 50
Freudenzeichen 51
Klimawechsel 52
Ablenkung 60
Kein Alter 62
Selbsterkenntnis 62
Spurenelemente 63
Gesundheitsreform 67
Heute so 67
Morgen so 67
Kein Vergleich 72
Krisenmanagement 75
Von der Natur abgeguckt 76

Frau Mampel

Die Rotfahrerin	14
PKW-ehmut	15
Altbleiben	16
Berliner Wochenende	20
Krawampel	20
Essen und Schlankbleiben	21
Beamtenglück	54
Poetenlob	56
Selbsteinbruch	74

Sonstiges

Ast-(h)-ma	12
Viehasko	13
Niesreiz	14
Ökologie	17
Zahnarzt um Halb fünf	18
Der Heimwerker	22
Wechselhaft	25
Warum die Nacht Gall heißt	27
Nur so	30
Aus dem Staub gemacht	39
Der Säufer	41
Notfall	42
Kurlatein	45
Peinlich?	57
Kalk der Zeit	69
Der Schnee	78
Damenkaffee	78
4. Dezember	79